パリジェンヌ流
おしゃれライフ

米澤よう子 著

Prologue
はじめに

prologue

　4年間のパリ生活で発見した「パリジェンヌ流」スタイルを、帰国後の著書ではおもに、ファッションの面から紹介してきました。
　なぜパリジェンヌはおしゃれなのか？　その答えは、洋服の選び方や着こなし方を観察するだけでなく、彼女らの「暮らし方」を知ったときに、より明確にわかりました。

　本書では、パリジェンヌの日常の奥深くまで探り、美術的な観点を加えて検証し、私たちが「今すぐ」できることを提案しています。文化や習慣は違いますが、現代を生きる女性であることは同じ。私は滞在中、常にそう自分に言い聞かせ、彼女たちの側に立って物事を考えてみました。

　その結果、地に足のついたシンプルかつおしゃれなライフスタイルは、私たちにもじゅうぶん実現可能だと確信しました。

　スマートなファッションも、センスあるインテリア術も、健康美をつくる食生活も。はじめから「パリジェンヌとは違う」と決めつけず、まずは気軽に試してみてください。その時点ですでに「おしゃれライフ」はスタートしています。

　この一冊で、「東洋のパリジェンヌ」を目指してみませんか？

はじめに ………………………………………………… 2

パリジェンヌのファッション ……………… 9

パリジェンヌ流ファッションの神髄 ……………… 10

「普通」を「おしゃれ」にする着くずしの魔法 ……… 13

コーディネートはTPO重視で ……………………… 20

お気に入りのアイテムを輝かせる着こなし ……… 23

1weekコーディネートで気持ちを上げる！ ……… 26

おしゃれサイクルを把握すればクローゼットがいつもスリム ……… 31

2ème Chapitre

パリジェンヌのインテリア …………………… **35**

パリジェンヌのお部屋がおしゃれな理由 …………… 36
まずは窓辺からパリ風に変身 ………………………… 39
家具の配置に気を配ってスマートな空間に ………… 42
モノが多くても「そろえる」だけですっきり見える … 45
洗練ディスプレイでお部屋を格上げ ………………… 48
夜は照明を落としてムーディに ……………………… 51
クロスでおしゃれダイニングに ……………………… 54
家事を楽しむ「きれい好き」な女性になる秘訣 ……… 57
Column 「もらわない」&「すぐ捨てる」がルール …… 61

3ème Chapitre

パリジェンヌの食習慣 …………………………… 65

パン屋めぐりで大人の味覚を磨く ………………………… 66
ハーブを使えばいいことづくし ……………………………… 69
フランスワインでウキウキ生活 ……………………………… 72
フレンチ保存食品で冷蔵庫をポップに ……………………… 76
フルーツをたっぷり摂って健康美人 ………………………… 79
ミネラルウォーターがグルメの第一歩? ……………………… 82
ついパッケージ買い! フランスのお菓子たち ……………… 85
Column ダイエット効果のある生活 ………………………… 87
お鍋ひとつで料理上手に ……………………………………… 90
大皿がパリの今風食卓のポイント …………………………… 93
フレンチスタイルのホームパーティでおしゃれ交流を ……… 96
ふわっふわオムレツをレッツ・クッキング! ………………… 99
Column すしに見る日仏食文化の違い ……………………… 102

YOKO流ライフ・アレンジ …… 107

春の〝花色〟コーディネート …… 108

夏の〝ヴァカンス〟コーディネート …… 110

秋の〝実り〟コーディネート …… 112

冬の〝きらめき〟コーディネート …… 114

ふわふわ泡立て洗顔のありがたみ …… 116

太陽の恵みで清潔感漂う女性へ …… 119

お手入れ習慣で恋愛力向上 …… 121

パリ風山盛りサラダで軽快ボディに …… 124

日用品を少しグレード・アップして暮らしを豊かに …… 127

朝のリセット習慣で前向きに1日をスタート …… 130

Column 見えない部分を磨く究極のおしゃれ …… 133

パリジェンヌ風1Dayストーリー …… 137

おわりに …… 148

パリジェンヌのファッション

パリジェンヌ流ファッションの神髄
自分にぴったりな既製服をとことん探す

　もしかするとすべてオーダーメイドのアイテムなのでは？　と思うくらい、パリジェンヌのおしゃれは彼女らにフィットしています。もし自分の体を採寸して作られていたら、細部まできれいにフィットするのは当然ですよね。かつてパリでは、高級メゾンがそうして1点ずつ仕立てる「オートクチュール」が全盛を誇りました。対する「プレタポルテ」は、既製服のこと。

　現代では高級なオートクチュールは庶民にとって現実的でないので、パリジェンヌのおしゃれは既製服で成り立っています。でも、「体にフィットすることがおしゃれの基本」と知っているから、オーダーメイドができなくても、徹底的に試着して、ぴったりのものを探すのです。

　そしてその上で、形や色、素材の風合いなどに関しても、妥協せずにとことん自分に合うアイテムを追求します。また、女性であればだれもが持ちうるフェミニン感に磨きをかけることも忘れません。

　サイズもテイストも自分にぴったりで、どこかフェミニン感が漂っている。これが、パリジェンヌのおしゃれの神髄といえそうです。

1er chapitre パリジェンヌのファッション

1er chapitre　パリジェンヌのファッション

「普通」を「おしゃれ」にする 着くずしの魔法

一度整えたあとくずすのが、
パリジェンヌ流アレンジの秘訣!

　自分にぴったりの服を選ぶのが上手なパリジェンヌ。その服を身に着けた後も、全体のバランスがベストに見えるよう、鏡の前で徹底的に検証します。
　次ページからは6つのテイスト別に、こなれ感のでる着くずしのポイントをご紹介します。

1er chapitre　パリジェンヌのファッション

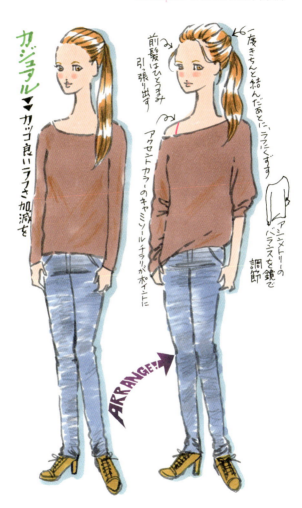

1er chapitre　パリジェンヌのファッション

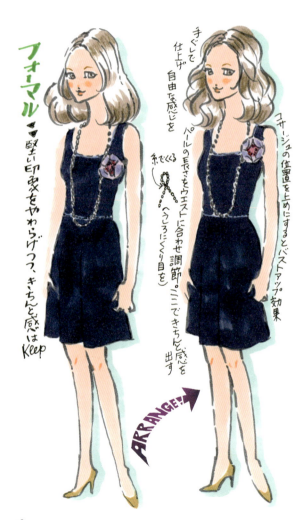

1er chapitre　パリジェンヌのファッション

コーディネートはTPO重視で
その場にいる自分を想像すれば、ハズさない

「個性的」といわれるパリジェンヌ。でも、ファッション的に飛び抜けて目立つ人、異質な人、浮いている人、派手な人は見当たりませんでした。間違いなくその人らしさ＝個性は感じられるのに、しっくりと「場」に溶け込んでいたのです。

実は、パリジェンヌはTPOを最優先にコーディネートを考えています。その分類はけっこう細かくて、オフィスやデート、季節のイベントのほかに、昼用のブラウス、夜用のブラウスなど、1日の中でも区別があるほど。

とても面倒なことに思えますが、必要なのはほんの少しの想像力だけ。クローゼットからアイテムを選ぶときに、その時間、そのシーンのなかにいる自分を、できる限りリアルに思い浮かべるんです。するとファッションスタイリストのように難なく、あなた自身を輝かせるスタイリングができるはず。

1er chapitre　パリジェンヌのファッション

1er chapitre　パリジェンヌのファッション

お気に入りのアイテムを輝かせる着こなし

思い入れの強いアイテムを際立たせるには
潔さが大事!

　試着を怠らない買い物のしかたで、寸法がピッタリ!　ニット1枚、ワンピース1枚でもサマになるのがパリジェンヌ流というのは伝わりましたでしょうか?

　せっかくの1枚ですから、長所がボヤけてしまわぬよう、組み合わせに気配りを!　アイテムと自分自身の長所を活かす対策として、「他の服や飾りをできるだけ足さない」ことがあります。すると、次ページの、パリジェンヌらしい「シンプル・シック」なスタイルとなります。

1er chapitre　パリジェンヌのファッション

1weekコーディネートで
気持ちを上げる!

仕事はキリリ、プライベートはゆるり。
気持ちとリンクしたおしゃれで
毎日イキイキ!

　毎日の服装は、「体を包む」実用だけでなく、その奥の「心のあり方」にも影響がありますよね。日仏関係なく、同じ女性であれば、皆そう感じているはず。パリ流での一週間は、服が違わなくても、何ら問題ナシ!　平日は、仕事へのモチベーションアップの着こなしを曜日で変えてみるとか、仕事をいっさい忘れる(忘れたい)週末には、リラックススタイリングで……といった風に、コーディネートだけで、気分まで変えてしまうからです。

1er chapitre　パリジェンヌのファッション

1er chapitre　パリジェンヌのファッション

おしゃれサイクルを把握すれば
クローゼットがいつもスリム

「今の自分」に似合うアイテムしかないからストレスゼロ

　私たちは時代の流行とともにおしゃれを楽しみますから、いくら厳選して購入しても、アイテムの数は増えていきます。放っておくとクローゼットの中がいっぱいになり、収まりきらない状態にもなりかねません。

　部屋は雑然とするし、たくさんありすぎてどれを着たらよいかわからない、なんてことにも。とはいえ、思い入れのある服であふれるクローゼットを整理するのは、簡単なことではありませんよね。

　次ページで、パリジェンヌ流の服の見切り方と、少数に絞る方法をお伝えします。

まずは右のイラストにあるようなアイテムごとのざっくりとした「おしゃれサイクル」を意識してみましょう。高かったから、あるいは思い出の服だから、手放せない……という思いを、「おしゃれの〝賞味期限〟を迎えた」という発想に切り替えます。また購入の際にもこのサイクルを念頭に置けば、その後の見切りがラクになるはず。

　クローゼットがすっきりしたら、手持ちのアイテムが見渡せますし、選択肢が少なくなった分、コーディネートの「計算」もしやすくなります。少ない服の着まわしにも慣れます。すると、パリジェンヌのような、「おしゃれ力」が身につきます。

パリジェンヌのインテリア

2ème chapitre

パリジェンヌのお部屋が おしゃれな理由

伝統とモダンが溶け合う空間

　憧れるのは、クラシカルなアパルトマンにモダンなインテリアをほどこしたパリジェンヌのお部屋。

　そもそもパリの物件には、素敵に見えるアドバンテージが3つあります。

　1つめは築年数。パリ、とりわけ中心部では100年、200年の歴史ある建物が主流で、仕立てのよい内装がそのまま残っていることも。右ページのイラストに描き入れた暖炉やレリーフなどは、まさにパリジェンヌの憧れ。これらのない、近代的な建物は彼女らには人気がイマイチです。

　2つめは窓辺の美しさ。縦長のフランス窓にアラベスク模様の柵、見える景色も建物の高さが統一され、整然としています。

　3つめは、天井が高いこと。床面積は都会なので恵まれているとは言えず、東京と変わらない印象です。しかし天井の高さで、空間にゆとりが生まれ、実際の面積よりも広く感じるのです。ここでもおしゃれと同じ、視覚的なトリック効果があるわけですね。

2ème chapitre　パリジェンヌのインテリア

すでにおしゃれで趣のある部屋の雰囲気ができている、というワケですが、私たち日本女性もあきらめるのは早いです。日本の住宅でも、パリジェンヌ風アレンジが可能です。
　ファッションと同じで、視覚効果を利用すればいいんです。部屋が「タテ長」に見えるように工夫したり、空間にゆとりが生まれるようモノの配置に気を配ったり。その方法はさまざまにあるので、あきらめないでくださいね！

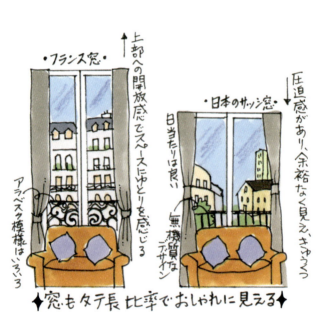

・フランス窓・
↑上部への開放感でスペースにゆとりを感じる
アラベスク模様はいろいろ

・日本のサッシ窓・
↓圧迫感があり、余裕なく見え、きゅうくつ
日当たりは良い
無機質なデザイン

◆窓もタテ長比率でおしゃれに見える◆

まずは窓辺からパリ風に変身
カーテンを使った「タテ長」トリック

「窓」は、部屋全体の印象にかかわるフレームのような存在。窓辺がタテ長に見えると、お部屋全体がタテ長な印象になります。

トリック効果に最適なのが、カーテンのドレープが作るタテのライン。ブラインドはヨコ縞になってしまいますからNGです。それに、パリのお部屋にはクールなブラインドよりあたたかみのあるカーテンが似合います。

右ページ左側のイラストは、カーテンレールを天井ぎりぎりにつけ、そこから床までカーテンをたらしています。効果は一目瞭然、天井がぐっと高く見えますよね？

　お部屋の事情で不可能な場合は、カーテンの柄をストライプにしてみてください。人の目には実際より長く映る効果があります。

　カーテンが替えられなければ、天井からクリスマスで使うようなケーブルライト、オブジェ、何でもいいので1本タテのラインを作ってみてください。これだけでも天井が高く感じられるはずです。

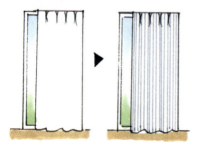

長さを変えられなければ柄をストライプにし、タテ長へ

ランプやオブジェを天井から下げてもタテ長感が得られる

家具の配置に気を配って
スマートな空間に

パリ的空間演出法を日本の住宅に取り入れる

　パリのおしゃれな部屋から受ける印象は、「すっきりしていてスマート」。その対極にあるのが、狭くてごちゃごちゃ……つまり視覚的統一感や安定感を著しく欠いた、雑然とした部屋です。広い空間がないから仕方ない？

　いいえ、そんなことはないんです。狭くても、「比率」をスマートにすれば、印象が変わります。

　まずはリビングに、「スマート比率」を取り入れましょう。家具はなるべく低くして、天井まで3分の2のゆとり空間をつくることができれば理想的です。シャンデリアには憧れますが、日本の天井の低さではどうしても窮屈に感じてしまい逆効果なので、避けた方がよいでしょう。

　寝室のベッドも、低めの方が広々と見えます。お姫様のような背の高いベッドは、天井の低い部屋には不向き。

　キッチンは、ペンダントライトを避ければ上部の空間がスッキリします。日本のマンションに多いシーリングライトならスペースにゆとりができます。白い壁は膨張効果があるので、なるべく飾りを排除してたくさんの面積を見せましょう。

　収納棚は、中途半端な高さでは空間が分断されます。天井まで延ばせばタテ長に。外国の図書館でよく見られるスタイルです。

2ème chapitre パリジェンヌのインテリア

なんとなく伝わったでしょうか？　「スマート比率」。私たちの視覚は必ずしも数値を正確にキャッチするようにはできていません。「着やせ」と同じように、インテリアや空間でも視覚的効果を利用すれば、スマートに変身できるのです。

ぜひ取り入れて、日本の住宅でもインテリアのおしゃれを楽しみましょう。

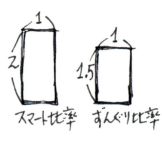

モノが多くても「そろえる」だけですっきり見える

「水平」「垂直」がおしゃれ部屋の秘密

　買い物ひとつ手を抜かず、厳選するパリジェンヌ。そんな彼女たちのおしゃれ部屋は、モノを多く持たないことで成り立っているともいえます。モノが少ないと、たとえ狭くてもゆとりの空間が生まれ、パリジェンヌが好む「心落ち着く」雰囲気になります。

　私たちも見習いたいところですが、今あるモノを減らすのは、そう簡単な作業ではありませんよね。でも、多くても大丈夫なんです。

　パリのお部屋に共通するもう一つのポイントは、モノの配置が「そろっている」こと。たとえば雑誌がたくさんあったら、四隅をそろえてテーブルの辺に平行に置く。これだけで、印象はかなり変わります。

　また、フォトフレームや本棚の本なども、斜めにならないよう、床と水平、垂直になるよう心がけます。

　そうしているうちに、散乱した状態や雑多な配置を目にすると気になって、その都度そろえる癖がつきます。整然とした状態を目にする事で、視覚的な安定感を覚えるのです。

ちょっと専門的な話になりますが、デザイン業界では、この水平・垂直が守られないと、人の目には不安定に映り、アンバランスに見えるので、これらが設計のベースとなります。

　同じようにお部屋の〝デザイン〟も、水平・垂直を基本としていれば、落ち着き感が出て、すっきりおしゃれな空間になります。

　これだったら今すぐできますよね？　さあ、目の前のモノからそろえてみてください！

洗練ディスプレイで
お部屋を格上げ

飾りすぎに注意しながらお気に入りを配置して

　お気に入りの品々は、たとえ生活必需品でなくとも、お部屋にあるだけで心に栄養をあたえてくれます。

　ついあちこち飾りたくなりますが、空間の70％くらいにとどめるのが、パリっぽさのポイント。減らせなかったら、視覚的に落ち着くディスプレイを追求して。ここでのアイデアもぜひ参考にしてくださいね。

2ème chapitre　パリジェンヌのインテリア

・貼っているポストカードを・　スキ間なく重ね貼りして厚感を

コラージュのように

・キッチンクロスを・　角から下げるとたちまちパリ風！

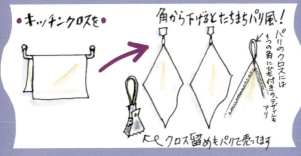

パリのクロスには1つの角にひも付きのデザインもアリ

クロス留めもパリで売ってます

・お気に入りのオブジェたちを・　"背の順"に並びかえ、スッキリ感を

… マメにプチ移動とリニューアルで毎日おしゃれ空間に！

ディスプレイが決まると、安心してそのままの状態にしがちですが、あえてマメに移動したり、交換したり減らしたりすると、美しさが保たれ、洗練につながります

そのまま放置でホコリまみれ

マメなプチリニューアルが美化につながる

49

2ème chapitre　パリジェンヌのインテリア

夜は照明を落としてムーディに
オレンジ色の間接照明は、部屋を立体的に見せる

　パリの夜は、暗い。日本も今でこそ節電で照明が落とされるようになりましたが、パリの比ではありません。街の電飾も控えめで、各家庭から漏れる明かりはぼんやりとオレンジ色です。
　私たちは明るく青白い蛍光灯に慣れていますが、パリではハロゲンライトなどのオレンジ色が一般的。狭い部屋でも奥行きを感じるのは、このやわらかな照明使いが上手だから。

ためしに、蛍光灯のスイッチをオフにして、オレンジ色のライトをいくつか用意してみてください。そして壁のほうに光を向けるように設置し、反射光をつくります。

　最初は暗いと感じるかもしれません。でも、眠るときに明かりを消すと、はじめは真っ暗でもそのうち周囲が見えますよね？　それと同じでだんだん慣れるので、反対に蛍光灯がまぶしく感じるようになります。おそらくフランス人の感覚としては、夜にまぶしい方が不自然で落ち着かないのかもしれません。

　私が間接照明をおすすめする理由は、ほかにもあります。肌はきれいに、お料理はおいしそうに見えるんです！　それから、よく眠れるようにもなりました。

蛍光灯の青いフラットな照明

間接照明のオレンジ色のグラデーションが立体感をつくる

パリで買ったカルテル社のライト「TAKE」
その名のとおり、ひょいと持ち運べるユニークデザイン。
プラスチックは日本の住宅にも合う！

Kartell
（日本にもShopアリ）

クロスでおしゃれダイニングに
モダンレイアウトのテーブルセッティング

　毎日使うのになかなか理想通りにならないダイニングスペース。フランスでは、家庭でも食事前には、まるで合図のようにテーブルセッティングをし、それから食事が始まります。クロスを敷き、ナイフ＆フォークを並べるだけで、「パリ流」です。

　人の食欲は、見た目からも促されますよね。たとえば山ほどつまれた書類や文房具の横でする食事は、なんだか味気なく感じます。

　おいしくいただく能力に長けたフランス人のクロス使いをぜひ取り入れて、パリ風の粋なテーブルに仕上げてください。

2ème chapitre　パリジェンヌのインテリア

お客さまをお出迎え
個性を発揮! パリのレストランのクロス技

＊カジュアル＆モダン系

遊び心のある配置

＊高貴な本格レストラン

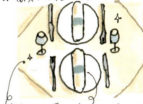

白布クロス二重　オリジナルナプキンリング

＊カジュアル食堂風

きさくなレイアウト

＊観光客ターゲット系

飛び出すナプキン

「ウマカッタ！ごちそうさま」の跡

ぐしゃぐしゃ紙ナプキンくず

家事を楽しむ
「きれい好き」な女性になる秘訣
テレビを消したら、家事に没頭できる

　忙しく働く女性が多いのは、日仏同じ。でもなぜパリジェンヌのお部屋はつねに片付いているのでしょう?

　私も憧れのパリで、きれいなお部屋にしよう!　と思っていましたが、最初は無理でした。つい片付けや掃除を溜めてしまうんです。

　ある日、朝の光景をながめていたら、向かいのお部屋でひたすら窓を拭いている女性が見えました。一方で私は、テレビを見ながらテーブルを拭いていたのです。そのとき、この「ながら癖」が家事時間を非効率的にしてしまっていたのかもしれない、と思いました。

今日の汚れは今日のうちに! 毎日のことだから、ためちゃダメなのね…

フランス人はテレビがあまり好きではないようです。街角インタビューで６人中６人が「嫌い」と答えたと、語学学校の授業で聞きました。理由はいろいろだったものの、共通して「時間を支配される」のがガマンならないよう。つい見入ってしまって作業の手が止まったり、家族との会話がストップしたり、ＣＭまでトイレに行けなかったり……。気づけばテレビの都合に合わせてしまいがちですよね。

　そこで、家事をするときに、テレビをオフにしてみました。音楽も流しません。そうすると、食器を洗えば水の音がきれいに聞こえ、汚れが落ちていくのが心地よく感じ、あっという間にお皿ふきまで終えてしまいました。

　集中力が高まり、「自分が今、家事をしっかりしている」という充実した気持ちが広がることで、効率もアップ！　いつの間にか家事が好きになり、マメに片付ける癖がついたんです。掃除グッズを見つける楽しみまで増えて……気づけば「きれい」のスパイラルが生まれ、目指していた「いつもこぎれいな部屋」が叶えられていたのです。

2ème chapitre　パリジェンヌのインテリア

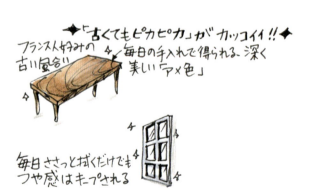

◆ Column ◆

「もらわない」&「すぐ捨てる」が ルール

　日本にはある種の「誘惑」がそこかしこに存在しています。たとえば無料で配られるティッシュや箸、スプーンなど。つい受け取ってしまいますよね。また100円ショップでは、予定外のアイテムまで、ついついかごの中へ。

　フランスではこのような至れり尽くせりの文化がなく、最初こそ不便に思いましたが、実は「自分らしく」生活するには不要なモノも多かったのだと気づきました。

「なんとなく」入手した品々は、「なんとなく」とっておきたくなるもの。捨てるのも後ろめたく、お部屋にはモノが増える一方……。

「自分で選んだモノ以外は、今はいらない」の精神で、これらを受け取る習慣を絶ってしまうのも、お部屋すっきりへの第一歩かもしれません。パリジェンヌの「Non」には、学ぶことも多かったのでした。

◆ *Column* ◆

もらわぬ人々、カンタンに手を出さない人々 à Paris

必要を感じたその時買いに行く主義なの

服も似合わなかったら手を出さないでしょ？モノでも自分らしくなければ激安でもタダでも入手しないの

それがおしゃれも部屋もスッキリキープできるコツかもね!!

ホテルのアメニティグッズは持ち帰らない。必要な人に渡るのがエコだと思うから。それに、ホテルで使うからホテルで楽しいのよね!!

"捨てる"に効率を求めず
× 後でまとめて捨てる
　かさばる、たまる
○ その都度捨てる

常に目の前スッキリ

3ème Chapitre

パリジェンヌの食習慣

パン屋めぐりで大人の味覚を磨く
シンプルなパンでも味はさまざま

　近頃、日本にもおいしいパン屋さんが増えてきました。私たちもパリジェンヌのように、パン屋さんで焼きたてをゲットしましょう♪　狙うは、バゲットのような素朴でシンプルなパンです。

　フランスでは惣菜パンはほとんど見あたりません。ベーコンやオリーブを「混ぜ入れる」のはアリですが、おかずが主張して小麦の味が隠れてしまうようなものは好みではないようです。

　私が日本でおいしいパン屋さんを見分けるポイントは、パリのパン屋さんのような店先から漂う小麦の香り。もし油や肉の匂いが勝っていたら、スルーしてしまいます。

　シンプルなパンを食べ比べると、それぞれが実に個性豊かな味であることもわかるようになりました。小麦本体勝負のパンを選んで、「違いのわかる大人の味覚」を磨いてみるのはいかがでしょう？

3ème chapitre　パリジェンヌの食習慣

ハーブを使えばいいことづくし
料理にニュアンスを添える縁の下の力持ち

　ハーブ、フランス語では「エルブ」。まるで静かな音楽を連想させるようなこの響きを聞いただけで、さわやかでおだやかな気持ちになりませんか？

　パリ生活では、日本では感じないお肉のワイルドな臭みが気になり、臭み消しのために大量のハーブを使いました。クセのないお肉とフレッシュなお魚に恵まれる日本では、味のアクセントとして使っています。

　私の定番は日本のスーパーでも手に入る、ディル、ローズマリー、タイム、バジル、パセリの5種類。それぞれ形や香りは個性的だけど、料理に加わるとでしゃばらず、他の素材の味をしっかり引き立てるところがけなげです。

　薬味として料理に頻繁に登場させれば、調味を塩分に頼りがちで、減塩が課題の私たち日本人の健康面にもおおいに役に立ってくれそうです。自分で育てると、お財布にもやさしくなるのでオススメです。

ディル

ちょっぴりスーッとした、程良い爽快感で魚のクセをやわらげてくれる

好相性食材 ♡♡♡♡

スモークサーモン　アボカド

サーモン、アボカド・マンゴーのタルタル

ローズマリー

バラに似た、ほろ苦いような甘いような魅惑の香り

鶏肉

じゃがいも

チキンを丸ごとポテトのロースト

タイム

ザ・ハーブと言うべき野性的なグリーンの香り。肉の臭み消し、煮込み料理に

豚肉　ラム肉

豚ロースソテー

バジル

イタリアンでおなじみ。フランスでは南仏料理に

🇮🇹 → バジルペースト
🇫🇷 → ピストゥー

トマト　なす
←フランスのなす

スズキのピストゥースープ白いんげん豆入り

パセリ

脇役ではもったいない万能選手

🚩バターに混ぜればエスカルゴメニューにお役立ち

「エスカルゴバター」アサリバターにも使える

グリーンサラダにたっぷりパセリを

キャロット・ラペ

3ème chapitre　パリジェンヌの食習慣

フランスワインでウキウキ生活
気軽にトライ！　ワインの個性を楽しもう

　初めてパリ旅行をした当時(25歳)の私は、お酒といえばもっぱらビール、焼酎、日本酒で、ワインにはまったく親しみが持てませんでした。

　それがどうでしょう？　このハマりよう。きっかけは「飲んでみた」だけです。知識がないまま飲んで興味が湧き、気づけば迷宮に入りこんでいました。「迷宮」といったのは、数限りなくあるワインがそれぞれに個性豊かで、味に正解がないからです。

　ワインの味は品種の他にもそのときの自分の体調や、合わせる料理、時間の経過や触れる空気によってさらにバリエーションが広がります。飲むたびに違う味に出会えるところが、フランス人のハートをつかむ要因にも。

3ème chapitre　パリジェンヌの食習慣

　初心者の方は、まずは「形」から入っても楽しいです。フランスワインのおもしろさはボトルの形にもあります。次ページの図でイメージを膨らませ、ピンときたものを買ってみてはいかがでしょう？
　白、赤などよく言われる料理との相性は、好みもありますから縛られなくて大丈夫。先入観が邪魔をして、確認作業をするかのようにしかめ面で飲んでいては本末転倒ですよね。
　さらに難しいコメントを言いたくなるのが、大人の面倒なところ（私の事です……）。率直な感想の方が、説得力があるものです。
　ところでワイン好きだと、なんだか気取っているようにも見られるようですが、それは単に「飲み方」によるものかもしれません。一気にガブ飲みせず、ちびちびやるようになるんです。一口ごとしっかり舌の上にのせないと、味わえなくて損！　という、フランス人の堅実さからくるものです。

3ème chapitre　パリジェンヌの食習慣

ワインを買いに出かけましょう♡

ブルゴーニュの赤でつくる
「ブッフ・ブルギニオン」
Bœuf bourguignon
牛肉の赤ワイン煮込み

ブルゴーニュの代表的銘柄
「ジュヴレ・シャンベルタン」
Gevrey-Chambertin

ワイン産地めぐりは郷土料理とともに。
やはり土地のモノ同士は、究極のマリアージュ！
私のナンバーワンはブルゴーニュ。
時間とともに変化する「魔性の女」ワインと
呼んでます！

フレンチ保存食品で
冷蔵庫をポップに

わが家の定番ラインナップをご紹介

　日本でいうところの梅干しやのりの佃煮のような「冷蔵庫の常備品」が、フランスにもあります。ほぼ毎日食卓に登場する欠かせない存在で、飽きの来ない食品ばかり。日本で買うとき、フランス産がない場合はイタリアやスペインのものを入手しています。

　ちょっとしたおつまみや、サラダなどの料理のアクセントにも活躍。パッケージのビジュアルにより冷蔵庫の中がポップになり、フレンチ気分も味わえます。ぜひお試しを。

3ème chapitre　パリジェンヌの食習慣

フルーツをたっぷり摂って健康美人

フルーツを毎日「カジュアルに」「たっぷり」摂る

　パリジェンヌの目標は、健康的で自然体でいること。現代の食文化でそれをキープするのは難しそうだけど、フルーツ好きがそのスタイルに一役買ってそう。まるで野菜の一部？　とばかりにたくさん摂取していました。

　朝にはジャム、おやつにバナナやりんご、夕食にもサラダやソースに活用されます。パンが主食だから、相性が良いのも関係していると思いますが。

　フランスで食べる生のフルーツは、日本のものと比べると甘酸っぱく野性的な味（そういえば、私が幼少時代に食べていたフルーツは同様な酸味がありました）。だから、お料理したり砂糖を足したりして、あれこれアレンジできる楽しみもあるんですね。

私たちはとかくサプリやジュースに頼りがちですが、食感、色、形、香り、それから太陽の恵み、大地の匂い、みずみずしさ……。ビタミンだけでなく、フルーツ本体から感じ取るそれらも一緒にとり入れたいものです。

　絵を描く私にしてみると、外見がカワイく、冷蔵庫がカラフルになるのがうれしくて、つい買いすぎてしまいます。それに、日本のフルーツは甘くておいしい！　で、フランスみたいにもっと安ければ、いうことナシなんですけど。

3ème chapitre　パリジェンヌの食習慣

J'aime les fruits ♡

お料理に！

Pamplemousse
・前菜・
アボカド＆
グレープフルーツの
ヴェリーヌ

myrtille
メインー
子羊のロティ.ブルーベリーソース

セザンヌ作「りんごとオレンジ」

インテリアにも！

スイーツに！

framboise
木いちごのタルト

fraise
いちご
フランス人式食べ方
ホイップの
登場でフルーツ
ディップに
生クリームのせ

banane
バナナは
小腹満たし
にgood

pomme
代表選手
りんご
カラメル米態
私の好きな
"タルトタタン"

figue
いちじく
フランスで不動の人気

orange
オレンジは
フランスの朝の定番生しぼり
"オレンジプレッセ"
(甘党はナシュガー)

raisin
食べたら
止まらなくなる
ブドウ

cerises
カタイチェリー
ダークチェリーのクラフティ
ソボロ状
サクサク

melon
メロンは
ギザギザカットが
フランス風

チーズ
バゲット
うすぎり
ドライいちじく
＆
レーズンは
チーズのお供

poire
洋梨はソテーしても
おいしい
お肉のつけ合わせに

ミネラルウォーターが
グルメの第一歩?

好みの水を毎日飲んで、味覚を磨く

　人間の体の70％が水分だといわれますが、パリジェンヌの場合、そのすべてがミネラルウォーターなのでは？　と思えるくらい、とにかくよく飲んでいます。

　日本ではお茶やスポーツドリンクで水分補給することも多いですが、フランス人は水一筋。ミネラルウォーターのブランドの多さに最初は驚きましたが、ワインの例でもわかるように、フランス人は、細かな味の差こそ最高の喜び。好き嫌いもはっきりしていますから、そうそう数はしぼられないのでしょう。

　私も、乾燥した気候とのどを鳴らす発音が多いせいか常にのどが渇き、いつも持ち歩くようになりました。語学学校では先生も生徒もみな持参。風邪で薬局へ行けば「水をたくさん飲みなさい」。近所のマダムからも同じことをいわれました。まさに「命の水」です。

　今では日本でもお水を「買う」ようになりましたが、フランスでは好みの水を買うのがあたりまえの習慣です。レストランでも、ワイン以外では、お料理の味をきちんと判別できなくなりそうなソフトドリンクの類いは避けられ、お水が飲まれます。

3ème chapitre　パリジェンヌの食習慣

　グルメなフランス人、といわれますが、私の印象は美食家であることより「素材の味が判別できる」ことが、グルメの条件なのではないかと思います。
　そう考えると、私たちもミネラルウォーターを選んで味覚を磨き、グルメ美人になりたいものです！

3ème chapitre　パリジェンヌの食習慣

ついパッケージ買い！
フランスのお菓子たち

日本でも買える老舗菓子メーカーの甘い
お菓子は変わらぬ味が不動の人気

子供から大人まで大好きなロングセラー

BNビスケットサンド（チョコ味）

お皿に並べて..

笑顔にいやされ
パリ時代によく食べました

ボンヌ・ママンのガレット

一般的には箱入り。

食べ過ぎ予防止に2個入りを

ジェルブレのビスケット（チョコチップ）

ダイエット中のおやつに。低カロリービスケット

サン・ミッシェルのマドレーヌ

大天使ミカエル（Michel）

シェル型で、まん中の
×タボのおなかがキュート♡

素材な木箱はいくつか重ねてインテリアにするとカワイイ
中は個別包装で12個入り

アルベール・メネス のバタービスケット

こんな細長い形。
フチの丸がキュート

パッケージが魅力的で、よくおみやげに買いました

ボンヌ・マモンのムッシュービスケット（チョコ味）

チョコ味は
他の味よりも
一段と茶色く、
「こんがり日焼け」
して見えてキュート♡

愛らしい「ムッシュー」にひと目ぼれ！

ルーの プチ・エコリエ（ダークチョコ味）

フランス人好みの
ビター・チョコを

LUのお菓子の中でもこのプチ・エコリエは、チョコと
ビスケットのハーモニーで 満足度が高い！

◆ Column ◆

ダイエット効果のある生活

　おいしい食事について回るのがダイエット問題。ですが、パリジェンヌの真似をした、私のパリの食生活では、意気込まなくても自然とダイエットにつながっていました。

　フレンチというと高カロリーでいつもゆったりたっぷり食べているイメージがありますが、3食ともガッツリ食べる人は少数派みたいです。

　朝は基本的にシンプルなパン食。忙しい朝は調理しません。なにかプラスするとしたら、ハムなどの加工品か、ゆで卵。昼はだいたい軽食で済ませます。ここまではほぼ毎日、同じ摂取カロリーです。夜は家族や友人と過ごす大事な時間なのでゆったり食べることが多いものの、たとえば日本に置き換えればハンバーグのような定番品のビーフステーキ（フランスでは安価でポピュラー）は赤身。脂身は少なく高タンパクで、見た目よりずっとカロリーは低め。

　どっしりとした肉はよく噛むので、ダイエットのご法度「早食い」ができません。

Column

　コース食べは１品ずつ胃に運んでお腹が膨らみつつ進むから、トータルでそんなに多く食べられなくても満足します。甘いモノも素朴な焼き菓子などがデイリーな品。宝石のような生菓子のスイーツは、とっておきの日だけ。このように、ふだんの食生活は意外と質素なのです。

　それから運動。「運動しなくちゃ！」と自分を追い込まなくても、エレベーターがない古い建物で階段を使ったり、遅延の多い公共の交通機関を避けてあえて徒歩を選んだりと、楽ができない環境の中でちょこまか動いています。

　摂取カロリーと消費カロリーのバランスがうまく保たれているパリ的日常生活。こんな毎日だから、体重急上昇！　なんていう事態は避けられるんです。

カワイイ体重計
「決めた！スポーツするゾ」

C'est décidé !
Je me mets
au sport.

✦ Column ✦

✚ 憶外と食べ過ぎない食スタイル

Petit déjeuner 朝食 → 家 or caféで

クラッカーにジャムのせ

カンタンな朝専用メニュー

Déjeuner ランチ → 1時ごろ〜2時くらいで

ex. サンドイッチ
ex. チキンサラダ
ex. メインのみ
お水かワイン一杯
猫とカフェ
ガッツリは食べず

Goûter おやつ → 4時くらい

ショコラ(ビターが好み) / サブレ / 屋台のクレープ / バナナ / りんご

コバラ満たしに甘いモノ

Apéritif 食前酒 ドリンクタイム → 夕方〜 カフェや家で

コーラ

ナッツ、オリーブ、ポテチなどの塩系をつまみつつ、8時のディナータイムまでつなぐ

Dîner ディナー → 皆がそろう8時頃開始
コース食べは血糖値がゆるやかに上昇し肥満防止にも

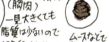

・前菜・
カンタンひと皿

・メイン・
ビーフは赤身
とり肉は皮ナシ
(胸肉)
一見大きくても
脂質は少ないので
高タンパク低カロリー

・デザート・
ムースなど軽い

ゆっくりおしゃべりしつつ。総量は少ない

✚ マメに動く(動かざるをえない)環境

立って待つ用事も多い

築年数100年単位の建物はエレベータースペースがなく
階段のみもめずらしくない

車道をスイスイ
レンタル自転車大人気

メトロやバスより歩く方が確実！

お鍋ひとつで料理上手に

お気に入りの道具を揃えて自炊モードにスイッチオン!

　ひとり暮らしでも、ファミリーでも、とにかく人は食べなくては生きていけませんよね。避けては通れない「食」。だから、できれば自炊を多くしたい。健康や安全のためにも。

　と、わかっていても、今やお惣菜は気軽に買えるし、なにもわざわざそこまで……と思う方もいるでしょう。でも、近ごろは「家ごはん」が見直されています。思い切って自炊生活が楽しくなるような調理道具を買ってみませんか？　たとえばフランスの「ル・クルーゼ」の鍋。

　外見は文句ナシにカワイイ。絵になる形と色です。しかし、値段と重さがカワイくない。どちらもどっしり!!　けれど、これでいつものカレーやハンバーグを作ってみると、実にほっこりふっくら仕上がるんです。

　ホーローのやさしいバニラ色は、中身をよりいっそうおいしく引き立てます。クールなステンレスとは違う魅力です。

　洗うときも重くて大変だけど、この「手にかかる」重力が、愛着に結びつくんです。ぞんざいに扱えない存在となるんですね。となると、登場回数が意外なほど多くなり、気づけば自炊の面白さに目覚め、やがて苦にならなくなります。

3ème chapitre　パリジェンヌの食習慣

　収納せず出していてもOKな普遍的デザインもうれしい。フランス人のように長く使って、使い込んだ風合いも楽しみたいですね。

大皿がパリの今風食卓のポイント
ワンプレートで料理が映える

　高級フレンチは別として、実際のフランス食は私たちがイメージしているよりずっとシンプル(粗食ともいえます)。

　つつましい食事ながらも、たとえ家庭であろうと、「優雅になる順番(コース)」を守ります。守るというより、文化ですから、フランス人にとってはそれがあたりまえ。コースに従ってテーブルの上に一皿ずつ出されると、食卓が整とんされて料理が映え、それぞれがよりおいしく見える効果があります。

　私は日本の食卓で、コース形式は無理でも、見た目の「パリ風」をとり入れています。そのために必要なアイテムは、大きなお皿。今までちょこちょこと小鉢に小分けしていた料理を、白い大きな陶器のお皿に盛るだけで、たちまちパリで流行りの現代的な盛りつけになります。

　テーブルの上に小鉢がずらりと並ぶ「おかず」文化は、日本の家庭料理のにぎやかで楽しい光景ですが、ときにはいつもと気分を変えて、ひとり一皿のパリの今風食卓に変化させてみてはいかがでしょう？

常に目の前に「一皿」。視界には気が散るモノがないから、食事と会話に熱中できる。フランス的「しあわせ食卓」の秘訣と言えるかも！

3ème chapitre　パリジェンヌの食習慣

フレンチスタイルの
ホームパーティでおしゃれ交流を

実はカジュアルで気軽な会

　ホームパーティは「特別メニューでもてなす華やかな会」というイメージを持つ人が多いと思います。

　私はまさにそうで、料理もインテリアもすべてグレードアップして、その時間をまるで一大イベントのようにしてしまいます。それはそれで楽しいですけど、おおげさにすると、あとが続かなくなりがちですし、招かれる側もそんな気合いの入れ方を示されると、逆に気を使ってしまいますよね。

　パリで頻繁に行われるホームパーティはとてもカジュアルで、「いつもの食卓に人を呼ぶ」くらいの気軽さ。食事時間を利用して、交流を図るのが目的です。パーティというより、「会合」といった方がしっくりくるかもしれません。

　だから出すのはふだんのお料理で、分量を人数分増やしただけ。全く気負いがありません。なにもお料理披露会ではないのですから、それで充分。いつもの一皿を大勢でいただけば、また違った味わいにも感じられます。

3ème chapitre　パリジェンヌの食習慣

ディナー前のアペリティフパーティも一般的で、これは8時頃に解散するまでの数時間の会。これなら頻繁に機会が作れそうです。

　カジュアルとはいえ、そこはパリ流。ホームパーティのためにコーディネートして出かけますから、気持ちも盛り上がります。

　いたってアナログな交流スタイルですが、このフレンチスタイルのホームパーティを真似て、友情を深められたら素敵です。

ふわっふわオムレツを
レッツ・クッキング!

モン・サン・ミッシェルの名物オムレツを目指して

　たとえば休日、時間を持て余し、冷蔵庫に卵しかない日。私のオリジナルレシピですが、モン・サン・ミッシェル名物を真似た、オムレツを作ってみませんか?

　「ふわっふわ」のふくらみはスフレにも似て、気持ちを高揚させます。作り方はシンプルだけど、うまくできたときの満足感はピカイチ。

　ポイントはメレンゲの泡立てと、フライパンでの焼き加減。きちんとふくらむよう無心にホイップしている時間、そしてきれいなこげ目がつくよう焼け具合を見ている時間は(かわいいわが子を見守るみたいで見飽きない)、不思議と心が充実しているんです。

　単純に思える作業でも、没頭できるひとときです。日常の気になる事(仕事や悩みなど)をとりあえず忘れられて気分転換にもなります。

　口にしたときの食感も、やわらかでやさしい。ぜひお試しを!

L'omelette de la mère Poulard

海に浮かぶ修道院 モン・サン・ミッシェル

プレーンが一番！だけど
味にアクセントが欲しいときは
マスタードやパルメザンチーズを

今から遡ること約120年前、宿屋の「プラールお母さん」が、険しい道を越え
やってきた巡礼者(ハラペコ)にふるまったのが
このボリューミーなオムレツ。今も宿＆
レストランはこの名物で盛況。
お店からは「シャカシャカッ」と
銅のボウルと泡立て器のハーモニーが
聞こえてきます♪

ラ・メール・プラール

日本ではガレットでおなじみ

Column

すしに見る日仏食文化の違い

　食に関して、フランス人は頑固だと思いました。「食べる順番」のことなんですが。たとえば、最近ではすっかり世界に浸透し、パリでも人気を誇る「すし店」。

　日本人職人が握る正統派すし店は数が少なく、とても高級。パリの街にあふれる「SUSHI」の看板の多くは、中国人経営の「すし風食堂」のもの。ポピュラーメニューは、すしと焼き鳥のセットです。

　といっても、居酒屋風に好き勝手に食べられるわけではなく、ここでも「コース」がお約束。日本の食文化「三角食べ」はできません。

　なんともツライのが、みそスープを先に飲まないと、すしにたどり着かないこと。ごはんと一緒でなければ、みそ汁の魅力は半減すると思いませんか？　オーダーの際に「順番を変えてください」とお願いすればいいのでしょうけれど、日本の食文化の説明をせねばならないような大げさな心配が頭をよぎり、言い出せず……。

　同様のツラさを感じたと思われる日本人客がすし到着まで飲むのをガマンして、みそスープが冷めてしまった残念なパターンも見かけました。

　ある店で「スープはすしのとき？」と聞かれたときはようやくほっとしました。

✦ Column ✦

SUSHI à Paris

フレンチに当てはめると こう解釈できる と、 よくある定番定食の場合

スシのコース

写真入りで解説も

フレンチのコースなら

文字のみ

- すし (ニギリ:サーモン3, マキ:マグロ 6)
- 焼き鳥 (とり2, つくね1, チーズ1)
- ＋ サラダとみそスープ付 ...とある。
（個数とプライスは比例している）

2 まずはサラダから運ばれてくる

コレを片付けてから

・アミューズ

前菜が来たら下げられる運命

キャベツの千切りを
甘めの白いドレッシングであえてる。
なぜか「サラダ・ジャポネーズ」と
命名されている

3 みそスープ (マッシュルームメリ)

スプーンでせっせと飲み終える人もいる

・前菜

飲み干す

日本人がツラさを感じる時!
一気に飲み干さず
すしと一緒に食したい!

✦ Column ✦

4 ③までの過程を経て、SUSHI到着(サビ抜き)

早実どおりの個数厳守

・メイン(魚)・

食べ終える

にぎりに職人技は期待できない
※ネタの80%はサーモンと思って良い
ギュッと握られ、ふわっと感はない
すしマシーンをプレゼントしたい

5 ラストYAKITORI

オリジナル？千文字の歯？
ごはん付

・メイン(肉)・

お楽しみ最後！

ここにオリジナリティが！
チーズの牛肉巻きは定番。
けっこうおいしい
（デザートが欲しければ追加注文）
…で、シメにCafé一杯。
メニューは 和食(風)でも、
食べ方は自国流。それが
新鮮でした。

・デザート・
（デザート含む定食も定番）

・カフェ等、
ホット飲料・

緑茶をたのんでみたら、

砂糖付でした

4ème chapitre

YOKO 流ライフ・アレンジ

春の〝花色〟コーディネート

春の喜びを、花の色で表現して

　身の回りをなにかと「リニューアル」したくなる春。まずは髪型をエアリーで軽快なスタイルにして、春モード開始！

　お部屋のインテリアは、華やかで可憐な花や絵を飾って、ちょっとだけ乙女な雰囲気に。ホームパーティでは、バラ色の食材やドリンクを用意して、気持ちを盛り上げましょう。

　外に出ると家々の花壇や街中の木々から花々の香りが。香水やルームフレグランスも、すべて甘いフローラル系で統一してみて。フランスでは、長い冬の後にようやく到来した春は、もっとも喜びを感じる季節。花色コーディネートで、「バラ色の人生」気分を味わってみてはいかがでしょう。

デュフィ「30年あるいはバラ色の人生」

テーブルの周りを、ピンク、グリーン、白でまとめて

4ème chapitre　YOKO流ライフ・アレンジ

109

夏の〝ヴァカンス〟コーディネート

都会を離れた、ゆとりある空間をイメージ

　短い夏が始まると、パリの住人は南へヴァカンスに出かけてしまいます。そして、一気に田舎のゆったりムードにスイッチを変換！　さんさんと照るお日さまの下、日常を忘れ、ゆっくりと流れる時に身を任せます。

　そんなパリジェンヌをイメージした、マリンとカントリーをミックスしたスタイルを考えてみました。フレンチ・カントリーは、クールなパリ風とは逆に、素朴で暖かみのあるテイスト。麦わら帽、野生の花のひまわりなどで雰囲気を出します。メインカラーは南仏の海辺でよく見るパラソルのブルーと、太陽の色の２色です。

4ème chapitre　YOKO流ライフ・アレンジ

秋の〝実り〟コーディネート
円熟感のある深い色味をポイントに

　植物に実がなり、街にこっくりとした色があふれる秋。パリではバレエや絵画展、音楽会などのプログラムが増え、人々の関心は室内での催しに寄せられます。

　文化に深く触れることができるこの季節には、感受性を刺激する音楽や本、アートなどを楽しむ時間をたっぷりとりましょう。あまり難しく考えず、静かな気持ちで作品に触れてみるだけでいいのです。

　お部屋でも、好きな絵を飾ったり、クラシック音楽を流したり。カーディガンやストールなどの羽織ものが活躍する時期ですが、手編み風のざっくりしたニットだとリラックスして過ごせそうです。

ニコラ・ド・スタエル「コンセール」

ツリー風本棚

クッションカバーに"実"をイメージ

4ème chapitre　YOKO 流ライフ・アレンジ

濃厚なショコラ・ショー & 高級ショコラ

Chocolat chaud

セーターと同じ編みこみヘアは、ちょっとルーズめにするとパリジェンヌ風

アンティーク調ヘアアクセサリー

木の実のような「ちょこんと」のせたネイル

冬の"きらめき"コーディネート

凛とした中に、ふんわりあたたかさを

　フランスの冬は、長くて暗い。だけど憂鬱の中に、喜びを見つけ出す文化があります。

　オーブンで焼いたお料理やスープの湯気があがる食卓、クリスマスの飾り付け、それから白銀の世界……。そんなイメージを集結させたスタイリングを楽しみましょう。

　飾り棚やボードを暖炉風に仕立てるには、伝統的なディスプレイ法である左右対称レイアウトにすると雰囲気が近くなります。椅子にはファーを敷いて、ふんわりあたたかく。

　メイクやネイルは、クールな色味でまとめてみて。

フェルメールフレームを掴むす

暖炉を模した左右対称のディスプレイ

4ème chapitre　YOKO流ライフ・アレンジ

下向きに咲く花、クリスマスローズを箱に入れて上向きに

フレンチの定番料理（和食で言えば「肉じゃが」？）じゃがいものグラタンをケーキの様にとり分けておしゃれ度UP！

ふわふわ泡立て洗顔のありがたみ
日本女性の美肌力の秘密

　日本の感覚だと、洗顔はジャバジャバ洗うイメージですが、どうやらフランスでは違う様子。パリでは洗顔用の固形石けんを探すのに苦労しました。結局日本でもおなじみの「アベンヌ」製しか見当たりませんでした。

　それは、水の質の差。フランスは硬水なので、洗浄しすぎると逆効果になる可能性もあります。だから乳液をつけ、化粧水やミネラルウォーターで「拭き取る」のがいわゆる「フランス式洗顔」です。

　「郷に入れば郷に従え」とはいっても、とてもそれでは洗顔した爽快感は得られないので、私は気にせず滞在中も日本式に洗いました。正直、肌は劣化しました。表皮が固くなり、たとえるならばゆで卵のつるつるから卵の殻のように固くなっていくカンジでした……。

　で、ここでも「ああ、日本って素敵！」と思う私なのでした。

　そこで提案です。せっかくです、この泡立て洗顔を、ていねいに、肌の感触を確かめながらやってみませんか？

　毎朝毎晩、女性に生まれた以上、洗顔は避けられない。でも毎日ホント面倒、という気持ちもありますよね。私は、自動洗顔器があったらどんなに楽だろう、誰か1週間に1度ですむ魔法の洗顔とか発明してくれないだろうか？　など、以前は妄

想を抱いたものでした。

　しかし日本の水の「ありがたみ」に気づいたとたん、洗顔が毎日の「お楽しみ」に変わりました（考えてみればせいぜい10分程度。面倒とは言えませんよね）。西洋の泡風呂に憧れた私たちですが、今度は東洋のホイップ泡洗顔を自慢する番です！

　今まで以上に肌状態に敏感になり、〝しっかりお手入れ〟が癖になる。すると「あ〜、さぼっちゃった！」というような罪悪感もなくなり、心もお肌もおだやかになること間違いなしです。

パリの硬水では泡立ちは期待できない

ホイップクリームのような泡を目指して

Start！
① 石けんをネットに入れて手にこすりつける
② 片手を丸め、もう片方の指先でホイップ
　おわん型　空気を入れこむように　せっせ
③ 片手にそっと集める

キメ細かくクリーミーな泡に仕上がるとプチ達成感が！

太陽の恵みで清潔感漂う女性へ
日本女性の香りは「お日さまの香り」

　パリ生活で心から恋しかったのが、太陽の存在でした。ええ、もちろん太陽はパリにも陽を照らします。でも物足りない光量です。真冬には、それこそ「雲隠れ」。日本の明るさは、ゴッホが憧れたように、ヨーロッパではうらやましいはずです。

　さらに追い打ちをかけるのが、パリ市の「洗濯物外干し禁止条例」。シーツやタオルやシャツの天日干しの気持ちよさは、望むべくもありませんでした。

　だから帰国してからというもの、朝、お天気ならば洗濯を開始。思い切り外干しし、太陽の香りを存分に吸う生活に。ほんのり香ばしいような、石けんの残り香がまざったような……。この香り、嫌いな人などいないですよね。

　マメに洗濯するようになってから、清潔でさわやかな肌触りと香りに包まれ、より心地よく眠れるようになりました。せっかくです、恵まれたお日さまの力を利用して、さわやかジャポネーズを目指しませんか？

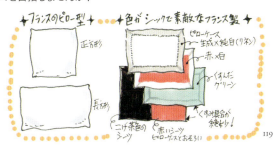

お手入れ習慣で恋愛力向上
細部まで行き届いたケアが自信を生む

　フランスではヘルスケア、ボディケア、スキンケアなど〝ケア商品〟の種類が多くて、選ぶのが大変なほどでした。豊富な品ぞろえのワケはもちろん、需要が多いから。

　乾燥しがちな気候ですから保湿はマスト。あいさつ代わりに握手やハグ、ビズをする機会が多いから、相手に与える「感触」にも気を配る必要がある。そういった理由もありますが、パリジェンヌにとって体のすみずみまでケアすることは、まさに「自分磨き」。平凡な化粧水ひとつだって、毎日欠かさずお手入れすることで、自信につなげています。

パリジェンヌは恋愛上手ですが、「媚びない」のがスタイル。その魅力は猫に似ているかも。外ではツンとした顔で気ままに過ごし、親しい人にはかわいい所も見せる。毎日ていねいにグルーミングしているから毛並がツヤツヤ。撫でるとその気持ち良さがわかります。おしゃれやメイクで飾る前にまずは「素」を磨いて、いつ恋に落ちてもいいようにスタンバイしておきましょう。ラブラブ中でも、恋人募集中でも、年齢もいっさい関係なく、女性らしさに磨きをかけているパリジェンヌをお手本に……。

押さえるべき所に手を抜かずにいれば、いつも"つるおって干物"にならずに済むの

手はノーマニキュアでもペディキュアは必ず！

パリ風山盛りサラダで 軽快ボディに

おしゃれに野菜を摂る生活をはじめよう

　カフェランチの定番といえばサラダ。サイドメニューや軽食類ではなく、立派なメインディッシュなんです。ひと皿でおなかを満たす、メインサラダの代表格は「ニース風サラダ」(126ページ)。1品で、1日の理想的野菜摂取量350グラムにも届きそう。

　日本では、この山盛りサラダの定着率が今ひとつに感じます。見つからないならば、お手製をお弁当にするのもひとつの手！　おいしいパンと一緒にBon appétit!

おいしいサラダの基本はレタスのフレッシュ感
氷水にさらしたあと水気をしっかり切る

キッチンペーパーを敷いて保存すれば鮮度長持ち！常にストックを

保冷剤
サラダ弁当用フタ付ボウルが欲しい♡

日用品を少しグレード・アップして暮らしを豊かに

プチぜいたくで、いつも自分にご褒美を

　パリのスーパーに通っていて、気づいたことがあります。たとえば、オレンジジュースや水の種類が多いこと。ティッシュやシャンプーのラインナップも多彩です。デイリーユースの消耗品に、幅広い選択肢があるんです。

　私は「どうせ消耗品だし」と、ひたすら「安さ」を重視して選んでいましたが、あるときから、つらくなってきました。良い服を着て外に出かけても、家の中はチープ……。無理しているみたいで、恥ずかしくなりました。そこで服にかけるお金を減らし、日用品をちょっとだけグレード・アップしてみました。

　すると、フランス人の価値基準がわかった気がしたんです。毎日触れるものだからこそ、ケチらない。自分が安らぎを感じるものに、価値を定めているのです。そこに彼女らの「楽しそうな日常生活」の舞台裏が垣間見えます。都会につきものの多少の困難だって、イチイチ凹まない。「家に戻れば、心安らぐものが待っている。それまでのちょっとの辛抱！」と、思うこともできますし。

　「自分へのご褒美」は、ダイヤや高級靴でなく、ささやかなプチぜいたくの積み重ねでも、満足感は得られるもの。ぜひひとつだけでも試してみてください。

朝のリセット習慣で
前向きに1日をスタート

過去にとらわれず今を生きるフランス人がお手本

　フランス人はカラッとしています。ひきずらない性格ともいえそうです。良い事も悪い事も、ひきずらない。たとえば昨日ケンカしていた2人が、今日は何事もなかったように話していたり。ぶつかりあうのも交流のうち、なのでしょう。

　私たちの毎日にも、良い事や悪い事が起こりますよね？　そんなあれやこれやを、すべて背負いながら生きていけば、心のメモリはパンクしてしまいます。

　いきなりフランス人気質にはなれませんが、1日を「リセット」する習慣を取り入れてみるのはどうでしょうか？

　ささやかな心機一転が、日々のストレスを和らげるかもしれません。

　おすすめしたいのが、朝のリセット習慣。日本の朝は明るくてさわやかですから、過ごし方次第で、楽しい1日が始められそうです。

　まず朝食。私たちは「もったいない」精神から、朝に昨晩の残りを食べたりしがちですが、フランス風に、朝専用メニューにします。そしてテーブルの上やお部屋の床などに、前日の雰囲気が残らないよう心がけます。夜に片付けられなかったら、

4ème chapitre　YOKO 流ライフ・アレンジ

朝すぐに片付ける。食卓に朝用のクロスを用意するのもいいかもしれません。朝へ舞台装置をチェンジするようなイメージです。

　仕事場でも学校でも、毎日わくわくするような楽しいことが起こるわけではないですよね？　フランス人はそのへん冷静というかシビアというか、仕事や勉強が「楽しい」という声はあまり聞きませんでした（「好き」とは言いますが）。「日常とは、だいたいこんなもの」としながらも充実した毎日にできるのは、マメなリセットによるもの。

　ちょっとお疲れ気味の現代日本人も、朝に気持ちをリセットするだけで、「さあ、今日もがんばるかな！」と、前向きに1日が過ごせるのではないでしょうか。

◆ Column ◆

見えない部分を磨く
究極のおしゃれ

　たとえば、同じ1万円のシャツとランジェリー。どちらを選びますか？

　渡仏前の私は間違いなくシャツ。だってランジェリーは見せて歩くわけじゃないし。でも今は、年齢のせいもあるかもしれないけれど、ランジェリーを選びたいです。

　どうしてかというと、その方が自分が快適でいられるから。直接肌に触れるランジェリーの感触がいいと、心まで満たされることを知ったからです。

　真新しいシャツで自分を何割増しかに美しく見せたいという願望をぐっと抑えて、見えない部分にお金をかける。見栄えよりも自分の五感が満足する方を優先することの大切さは、やはりパリで実感しました。

Column

　フランスではあらゆる商品に松・竹・梅のような「クラス」があります。見かけを優先したら、外見は最高クラスのものをまとっているのに、人から見えない部分はおろそか……ということにもなりかねません。私にも、そういうところがありました。

　でも、パリジェンヌはどちらかというと地味な服を上手に着こなし、家の中はすっきりきれい、食べものにも気を使っています。内側を置き去りにして外見を取り繕う「媚びる」ようなおしゃれは、アンバランスで、カッコ悪いと思いました。

　とはいえ、「媚びないおしゃれ」に行きつくには、達観した大人の精神力が必要。私などまだまだ器が小さいので、人の目が気になって無理。でも見えない部分にこそお金をかける粋なぜいたくに、いつか手が届いたら……と、ひとつ夢が増えました。

デジタルは
ひととおり使いつつ…

それのみの情報に頼らず、
時間の許す限り、実際に

自分の目で見て
聞いて
かいで
味わって
さわって

自分の"センサー"（五感の）で得たカンジも
併用する

このお肉、ちょっと
色がにごってる…
新鮮さは？

自分の感性をフル稼働させるのが 大事

C'est important!
très

パリ的時間経過の休日 ◆時計いらずの日◆

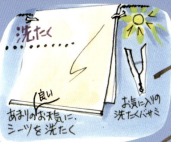
洗たく
あまりのお水に、シーツを洗たく
良い
お気に入りの洗たくバサミ

食器を漂...
まっしろっていいな♡

ついでに食器棚を整え
近頃使わない器は奥へしまったりする

そろうとスッキリさわやか

ランチタイムへ
そんなこんなをしているウチに"お日さまが真上に!"腹時計"が鳴る…

カンタン クロック・マダムとサラダを作る
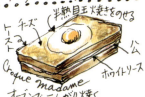
半熟目玉焼きをのせる
トースト
チーズ
ハム
ホワイトソース
Croque madame
オーブンでこんがり焼く (おコゲ具合が味をそうする!)

パリ風コンビ
Salade verte

グリーンサラダがつけ合わせにgood

片付けのあと、のんびりドリップしたコーヒーを飲む。
カフェ & キャレ・ド・ショコラ
口で言うお茶うけ的なね?
Carré de chocolat

ドレッシングはオリーブオイル+マスタード+レモン。(ほんの少しはちみつ)

冷蔵庫の中をのぞく...

気づいたら 16:30

材料・道具をすべて出して下準備開始！

夕食を考える
- [ ] キャロット・ラペ carotte râpée
- [ ] サーモンのソテー sauté de saumon
- [ ] ラタトゥイユ Ratatouille

にんじんを千切りにする

ななめうす切り 1〜1.5ミリの厚さ → トランプのようにスライドして並べ、もう一度スライスすれば千切り完成

スライサーより、手でゆっくり切って、きれいに仕上がったらウレシイから好き

ナイフはヘンケルス <双人のマーク>

マスタード
レモン汁
はちみつ
塩・黒コショウで味を調え

キャロット・ラペ完成！

多めに作って明日のお弁当に！

自分で切った千切りは、不ぞろいでも満足♡

ラタトゥイユ準備

なす 乱切り
ズッキーニ 乱切り
にんにく みじん切り
トマト 角切り
玉ねぎ 粗みじん

スーパーへちょこっと買出し

トマトもうひとつ欲しいかも

偶然けんちゃんのタイムサービスどきに到着！ラッキー♡

お買い物用カゴBag

ストールを巻くだけで外出ルックに！

ちょっとロールアップ

帰宅、再びクッキング開始！

① オリーブオイルでにんにくを炒める

ん〜いい香り

（弱火）

にんにくの香りが立ったら、玉ねぎ投入
なす、ズッキーニ、トマトと続けて加え、全てに火を通す

② 香りづけ

ハーブをプラス

南仏プロヴァンス地方料理の香り

ローリエを半分にちぎって入れる

（中火）

③ 煮込み

白ワインをグラス1杯入れ、アルコール分を飛ばし、弱火で蒸し煮
(今日は15分間)

④ 塩、コショウで できあがり！

サーモンを焼く

皮

塩・コショウした皮目からカリッと焼き、中はフンワリ

ディナーはシックに！

テーブル・セッティング

おわりに

　もうお気づきだと思います。パリジェンヌは、「五感に素直な生き方」をしていますよね。その結果、世界中から「おしゃれ」と評されています。

　五感、つまり「センス」を磨くには、大げさなことをせずとも、ふだんの生活の中で磨かれるケースがほとんどです。パリジェンヌだってドラマのヒロインではありませんから、平凡でありふれた毎日を過ごしています。そのなかで〝5つのセンサー〟をしっかりと働かせ、心地よいと感じたモノやコトを選び取っているだけなのです。結果的に、好きなものが必要最小限にぎゅっと凝縮されますから、「自分らしく」「洗練された」ライフスタイルになっています。

　私たちだって、真似できそうですよね？　となると、なんだか動き始めたくなります。今、目の前にあるマグカップ。洗ってピカピカにしたくなります。それでも美しく感じなければ、納得のいくモノを探しにいきたくなります。

　「おしゃれライフ」には頂点がありません。「これで終わり」がない。なぜなら私たちは年をとりますし、環境も変わります。趣味だって変わるかもしれません。絶えず、小さな更新を繰り返していくからです。

epilogue

　どんなときも「今の自分」にとっていちばん美しい視界、心地よい音、いやされる香り、優しい肌触り、おいしい味を感じ取ることを忘れずにいれば、毎日に退屈することなく、永遠に「おしゃれライフ」が続くはずです。

　パリジェンヌに負けないおしゃれライフを、ぜひエンジョイしてください。

　この本を実現するにあたり、多くの方にヒントをいただき、背中を押してもらいました。仕事をご一緒していただいたみなさまに感謝の気持ちを捧げます。

　そしてなにより、ここまで読んでくださった読者のみなさま、本当にありがとうございました。

米澤よう子

本書は、『パリジェンヌ流おしゃれライフ―いつもの世界が輝きはじめる36の方法』（2012年2月／文藝春秋刊）を改題し、文庫化したものです。

米澤 よう子（よねざわ・ようこ）

東京都生まれ。グラフィックデザイナーとして広告制作会社に勤務後、イラストレーターとして独立。化粧品パッケージや広告キャンペーン、女性ファッション誌、CM、書籍装画などで活躍。2004年から4年間、活動拠点をパリに移し、高級百貨店 Le Bon Marché（ボン・マルシェ）で個展を開催するなど、多彩な活動を行う。現在はパリ在住の経験を生かした著書、商品企画、フレンチブランドとのコラボレーションなどさらに活動範囲を広げている。著書に『パリ流おしゃれアレンジ！』シリーズ（KADOKAWA）、『パリジェンヌ流シンプル食ライフ』『ねことパリジェンヌに学ぶリラックスシックな生き方』（どちらも文藝春秋）、『フランス流 捨てない片づけ』（小学館）など多数。

HP　　　　www.paniette.com
Instagram　https://www.instagram.com/yoko_yonezawa/
Twitter　　https://twitter.com/YokoYonezawa
Blog　　　http://yokoparis.exblog.jp/

マイナビ文庫

パリジェンヌ流おしゃれライフ

2018年4月30日 初版第1刷発行

著　者	米澤よう子
発行者	滝口直樹
発行所	株式会社マイナビ出版

〒101-0003 東京都千代田区一ツ橋2-6-3 一ツ橋ビル2F
TEL 0480-38-6872（注文専用ダイヤル）
TEL 03-3556-2731（販売）／ TEL 03-3556-2735（編集）
E-mail pc-books@mynavi.jp
URL http://book.mynavi.jp

カバーデザイン	米谷テツヤ（PASS）
本文・カバーイラスト	米澤よう子
フランス語監修	クラス・ド・フランセ
印刷・製本	図書印刷株式会社

◎本書の一部または全部について個人で使用するほかは、著作権法上、株式会社マイナビ出版および著作権者の承諾を得ずに無断で複写、複製することは禁じられております。◎乱丁・落丁についてのお問い合わせは TEL 0480-38-6872（注文専用ダイヤル）／電子メール sas@mynavi.jp までお願いいたします。◎定価はカバーに記載してあります。

©Yoko Yonezawa 2018 ／ ©Mynavi Publishing Corporation 2018
ISBN978-4-8399-6625-6
Printed in Japan

プレゼントが当たる! マイナビBOOKS アンケート

本書のご意見・ご感想をお聞かせください。
アンケートにお答えいただいた方の中から抽選でプレゼントを差し上げます。

https://book.mynavi.jp/quest/all